Les HÉROS de la MYTHOLOGIE

Ulysse, le cyclope et le maître des Vents

Conception graphique de la couverture : S A J E

Crédits photographiques :
Rabat gauche : (haut) © V. Koenig ; (bas) © E. Blain
Éléments graphiques : "Le coin des experts" © TonyBaggett/iStock/Thinktsock ; © asmakar/iStock/Thinktsock ; © Photo_HamsterMan /iStock/Thinktsock ; p.55 (h) : © Krystsina Birukova/iStock/Thinktsock ; p.55 (g) : © santi0103/iStock/Thinktsock ; p.55 (d) : © kvasay/iStock/Thinktsock

IMPRIM'VERT®

ISBN : 978-2-7011-9368-7
Loi 49-956 du 16 juillet 1949 sur les publications destinées à la jeunesse.

Imprimé en France par SEPEC à Péronnas
N° d'imprimeur : 01662150304 - Dépôt légal : avril 2015
N° d'édition : 70119368-01

Viviane Koenig • Ewen Blain

Les HÉROS de la MYTHOLOGIE

Ulysse, le cyclope et le maître des Vents

Belin Jeunesse

1

Des îles inconnues

Ulysse est un drôle de roi. Un roi courageux et fier. Il est aussi très rusé. Grâce à lui, les Grecs ont gagné la guerre contre la ville de Troie. Une belle victoire !

Maintenant, il se dépêche. Après dix ans de combats, il est temps pour lui et ses hommes de retourner sur leur île d'Ithaque. Les mâts des navires sont dressés, les voiles gonflées par le vent. Les rames frappent la mer en cadence.

Un soir, Ulysse et ses compagnons arrivent sur une île du pays des cyclopes. Ils amarrent leurs navires et descendent sur le rivage.

Comme il leur faut se nourrir, ils explorent les lieux. Ils chassent le gibier sauvage. Ils cherchent aussi de l'eau douce. Ils découvrent des forêts de pins et de chênes. Ils admirent des chèvres montagnardes sautillant dans des prairies minuscules.

Mais ils ont beau fureter, ils ne voient ni paysans ni champs ni villages.

Tout à coup, Ulysse se retourne. Il aperçoit de la fumée sur une île voisine. Il entend les bêlements de brebis et de chèvres.

Il s'étonne.

Il grimpe sur un rocher. Il tend l'oreille et perçoit, au loin, des voix humaines.

– Vous, restez ici ! ordonne-t-il au gros de ses guerriers. Et vous autres, suivez-moi sur mon navire. Je veux saluer les habitants de ce pays-là. Je veux savoir s'ils sont sauvages ou, au contraire, agréables à vivre. Je ne serai pas long.

2

DANS LA CAVERNE

Son navire à peine arrivé sur cette île inconnue, Ulysse saute à terre avec une vingtaine d'hommes. Curieusement, personne n'est là pour les accueillir.

– Où sont donc ceux que j'ai entendu parler ? se demande le roi.

Il regarde alentour. Le calme règne.

– Ils vivent peut-être dans cette belle caverne que j'aperçois là-bas, au bout de l'île ? Allons-y ! Je veux en avoir le cœur net.

Il choisit douze de ses soldats, les plus braves, pour l'accompagner.

Il ordonne aux autres de rester sur le bateau. Et il part, emportant un gros sac de vivres et une outre en peau de chèvre pleine de vin doux.

Il compte en offrir aux habitants de l'île qui se cachent si bien.

Ulysse et sa petite troupe s'élancent sur le sentier menant à la caverne. Ils marchent vite. Ils n'ont pas peur. Pourtant, ils ont tous entendu parler des cyclopes ! Des géants à un seul œil au milieu du front. Des monstres sauvages et cruels, sans justice et sans lois. Des mangeurs de chair humaine, des coléreux, des orgueilleux, des...

Les voici arrivés. Des brebis et des chèvres se reposent à l'entrée de la caverne. Mais sinon, il n'y a personne. Pas de bergers en vue ! Certain qu'ils ne peuvent être loin, Ulysse les appelle.

– Ohé, habitants de la caverne !

Aucune réponse.

– Allons voir par nous-mêmes ce qui se passe là-dedans, décide-t-il.

– Non ! s'affolent ses compagnons. La politesse et la prudence nous conseillent de rester ici. Asseyons-nous à l'ombre de ces lauriers fleuris et attendons.

Chapitre 2

Ulysse entre quand même.

– Suivez-moi ! leur ordonne-t-il.

Sitôt le seuil franchi, il admire les fromages bien rangés. Il caresse les agneaux et les chevreaux dans leurs enclos. Il examine les vases remplis de lait crémeux.

– Prenons quelques fromages, quelques bêtes et retournons au navire, le supplient ses compagnons. Il est mal d'entrer sans y être invité, surtout au pays des cyclopes.

– Pas question, décide Ulysse. Silence, mes amis. Attendons le maître des lieux et goûtons ses fromages.

3

LE CYCLOPE

Le maître des lieux revient enfin des pâturages avec ses bêtes. C'est Polyphème, le plus farouche de tous les cyclopes. Le plus grand aussi. Il entre dans sa caverne, poussant devant lui son troupeau.

À sa vue, les Grecs épouvantés se cachent au fond de la grotte. Ils voient le géant installer ses bêtes dans leurs enclos et jeter au sol des branches de bois sec pour son feu. Puis ils le voient soulever une énorme pierre et la mettre devant l'entrée.

Les malheureux ! Jamais, ils ne pourront la déplacer. Même avec l'aide d'une vingtaine de chars tirés par leurs meilleurs chevaux, cette pierre est si grosse et si lourde qu'elle ne bougerait pas d'un pouce. Ulysse et ses compagnons sont enfermés avec le monstre.

Ils sont ses prisonniers !

Pour l'instant, Polyphème ne les a pas remarqués. Assis sur un tabouret, il trait ses brebis et ses chèvres. Après avoir versé le lait frais dans des vases, il ranime le feu et, soudain, il les voit.

– D'où venez-vous, Étrangers ? gronde-t-il. Que faites-vous là et qui êtes-vous, des voyageurs ou des pirates ?

– Nous sommes des Grecs revenant de guerre, répond Ulysse.

– Des Grecs, tiens donc !

– Ô cyclope, nous te supplions à genoux de bien nous recevoir comme le veulent nos dieux.

Le géant fronce son œil unique, plus sombre que la nuit la plus noire.

– Oui, n'oublie pas de respecter nos dieux et de leur obéir, poursuit le roi avec courage. Surtout Zeus, le plus puissant de tous.

Polyphème s'agite furieusement. Il brasse l'air de ses bras immenses. Il déteste recevoir des conseils et encore moins des ordres.

– Je ne crains pas Zeus, tonne le monstre. Mes frères cyclopes et moi, nous sommes plus forts que lui !

Et il éclate d'un rire mauvais. Il a d'autant moins peur que les cyclopes sont fils de Poséidon, le tout-puissant dieu de la Mer. Son calme retrouvé, il questionne le petit homme. Il veut savoir où est ancré son bateau pour y voler ce qu'il lui plaira.

Car Polyphème, qui vit à l'écart de tous, aime faire le mal.

– Poséidon l'a brisé sur des rochers, ment Ulysse le rusé. Nous avons échappé de peu à la mort, mes compagnons et moi.

Alors le cyclope se laisse aller à la colère. Il saisit deux hommes au hasard. Il les écrase contre terre comme de jeunes chiots, et les dévore tout entiers.

Puis il avale une coupe de lait et s'endort, satisfait.

Fou de rage, Ulysse se précipite vers lui, l'épée à la main. Il veut le massacrer, là, maintenant, sur-le-champ… Brusquement, il s'arrête.

– Si je le tue, qui roulera la pierre devant la porte pour nous rendre la liberté ? murmure-t-il.

La réponse est claire : seul le monstre peut le faire.

4

PERSONNE

Que la nuit semble longue aux prisonniers !

Aux premiers rayons du soleil, le cyclope se réveille. Il est de bonne humeur.

Il allume le feu, s'occupe de ses bêtes, puis, comme il a faim, il croque à nouveau deux hommes.

Ceci fait, il écarte sans peine la lourde pierre de devant la porte, il pousse son troupeau dehors. Hélas, il n'oublie pas de remettre le rocher en place, avant de s'éloigner avec beaucoup de bruit.

Dans la caverne, Ulysse prie les dieux. Il espère leur aide. Il cherche comment fuir. Il cherche encore, car il ne manque jamais ni de courage ni d'astuce. C'est alors qu'il remarque sur le sol l'énorme massue du cyclope, de la taille d'un mât de bateau. Il en coupe un morceau long comme le bras.

– Compagnons, venez m'aider et vite ! crie-t-il. Taillons cette massue, transformons-la en épieu pointu, puis passons-la au feu pour la durcir.

Ulysse leur explique ensuite son plan.

Le soir venu, Polyphème rentre à la caverne avec ses bêtes. Comme la veille, il les installe dans leurs enclos, après avoir replacé le gros rocher devant l'entrée. Puis il trait ses brebis et ses chèvres. Il verse le lait frais dans des vases. Il met les petits agneaux sous leurs mères, il ranime le feu et s'assied.

Tout à coup, il attrape d'une seule main deux de ses prisonniers et les dévore aussitôt. Il est heureux !

Tenant dans ses mains une coupe de vin doux tiré de son outre, Ulysse s'approche de lui.

– Cyclope, lui dit-il, prends et bois ce vin.

Polyphème apprécie ce geste, mais, méfiant, il trempe à peine ses lèvres dans ce breuvage inconnu. Puis, comme il le trouve bon, il l'avale avec joie jusqu'à la dernière goutte.

– Étranger, donne-m'en un peu plus, réclame-t-il. Et dis-moi ton nom, afin que je te fasse un cadeau qui te réjouisse.

– Je m'appelle Personne, répond Ulysse le rusé. Mon père, ma mère et tous mes compagnons me nomment ainsi.

– Eh bien, Personne ! Je vais te faire à mon tour un cadeau. Un beau cadeau ! Pour te remercier de ta gentillesse, je te mangerai en dernier !

Ceci dit, après un grand éclat de rire et une dernière coupe de vin, Polyphème tombe à la renverse, endormi.

5

LES FRÈRES CYCLOPES

Sans perdre un instant, le roi chauffe sur le feu la massue taillée en pointe. Il redonne confiance à ses compagnons épouvantés. Il leur faut passer à l'attaque ou mourir dans le ventre du monstre.

Complètement ivre, Polyphème ne les voit pas. Il ne les entend pas. Il dort toujours. Alors Ulysse et quatre de ses hommes, les plus forts, soulèvent l'épieu énorme et brûlant. Ils rassemblent leur courage. Ils courent, ils grimpent sur le monstre endormi et enfoncent leur arme dans son œil. Ulysse appuie dessus de toutes ses forces. Il appuie et il tourne, tourne encore pour agrandir la plaie.

Puis, rapide comme l'éclair, il s'éloigne avec ses amis et se réfugie au fond de la caverne.

Polyphème rugit. Il hurle sa douleur. Du sang coule de sa blessure. La chaleur du bois brûle ses paupières et son unique sourcil. Il se lève en un terrible vacarme. Comme il est grand ! Quatre à cinq fois plus grand que ses assaillants ! Il arrache avec rage l'épieu de son œil. Et, d'une voix de tonnerre, il appelle ses frères cyclopes qui habitent les cavernes toutes proches.

– Pourquoi cries-tu ? lui demandent ses frères une fois arrivés devant le rocher qui ferme sa grotte.

– Souffres-tu ? Es-tu malade ?

– Non.

– On veut te tuer ? Par la force ou par la ruse ?

– Par la ruse !

– Qui ose te faire mal ? On va le punir.

– C'est... c'est Personne !

– Personne ? Pauvre fou ! Si tu es seul dans ta caverne et que tu as des ennuis, ces ennuis viennent de Zeus. Tu sais bien qu'il est impossible d'échapper à sa colère. Alors, débrouille-toi, Polyphème ! Réfléchis si tu en es capable ou demande à notre père à tous, Poséidon, de t'aider. En tout cas, laisse-nous dormir. Adieu !

Les entendant, Ulysse sourit, sa ruse a marché. Son faux nom les a tous trompés. Reste maintenant à trouver le moyen de sortir de cette caverne.

– Je t'aurai, petit homme ! menace le cyclope, plein de douleurs. Je vous aurai tous, je vous mangerai jusqu'au dernier, Grecs de malheur ! Personne, où te caches-tu ?

Le géant le cherche du bout des doigts. Il agite les bras. Il bouscule tout sur son passage.

Il heurte son tabouret. Il renverse des fromages et des vases de lait.
Il tâtonne.
Il titube.
Il souffre,
gémit et affole
ses bêtes.

6

LES BÉLIERS

– Je me vengerai, je me vengerai ! répète Polyphème, perdu dans cette grotte qu'il ne voit plus.

Bras tendus, il se repère peu à peu. Il frôle l'enclos de ses béliers. Il hésite, change de direction, avance de quelques pas. Il retrouve enfin la sortie et enlève le rocher de devant l'entrée. L'air frais de la nuit apaise sa douleur. Il soupire, il gémit, il se plaint, puis, accablé, il s'assied sur le seuil pour bloquer le passage de ses jambes gigantesques.

Il veut punir ces Grecs, les massacrer jusqu'au dernier, les dévorer ! Il ne pense qu'à ça. Pour cela, il doit les attraper car, à coup sûr, ils vont tenter de sortir.

Il a raison. Ulysse cherche comment fuir et il trouve, car le roi aux mille ruses ne manque jamais d'idées.

Il fait signe à ses compagnons de le suivre, en silence. Le cyclope ne peut les voir, mais il peut les entendre. La prudence s'impose.

Ulysse s'approche des béliers, de belles bêtes à la laine épaisse. Il les caresse pour les calmer. Puis il les attache trois par trois avec des brins d'osier trouvés sur le sol. Il ficelle ensuite un de ses hommes sous le ventre de l'animal du milieu, si bien que les béliers placés à droite et à gauche le cachent complètement. Mais est-ce suffisant ? Ulysse espère que les doigts fureteurs du cyclope ne les trouveront pas.

Il accroche ainsi tous ses compagnons.

Enfin, pour se sauver lui-même, il se glisse sous le plus grand des béliers. Il saisit à pleines mains son épaisse toison et il reste ainsi suspendu.

Il leur faut maintenant attendre tranquillement le départ du troupeau pour les pâturages.

Au petit matin, les bêtes s'agitent et bêlent avec énergie. Elles veulent sortir. Polyphème comprend alors qu'un nouveau jour se lève. D'ailleurs, il sent la douceur des premiers rayons du soleil sur sa peau. Un soleil qu'il ne verra jamais plus. Quelle tristesse d'être aveugle !

Il pousse son troupeau hors de la caverne, tâtant au passage le dos de ses bêtes pour être certain que ses prisonniers n'en profitent pas pour s'échapper.

Mais il ne remarque pas les Grecs si bien cachés. Il s'étonne cependant que le plus grand de ses béliers sorte en dernier.

– Paresseux, pourquoi traînes-tu ce matin ? le gronde-t-il. D'habitude, tu sors le premier… Ah ! Je comprends, toi aussi, tu es en colère contre ce petit homme. C'est ça ? Sois tranquille, Personne sera puni. Il va mourir, crois-moi, lui et tous ses compagnons.

Ulysse frémit en l'entendant. Il agrippe mieux encore l'épaisse toison. Il retient son souffle. Après une ultime caresse, Polyphème laisse passer son bélier et son pire ennemi.

7

UNE PLUIE DE ROCHERS

Arrivé loin de la caverne, Ulysse lâche son bélier, puis il s'empresse de détacher ses hommes.

Tous ensemble, ils marchent, ils courent, ils poussent vers le port le troupeau du cyclope.

Quel bonheur de retrouver leur navire et leurs chers compagnons !

– Dépêchez-vous, ordonne le roi. Montez ces bêtes à bord et partons ! Nous pleurerons nos morts plus tard !

Le bateau s'éloigne du rivage.

Mais Ulysse décide soudain de défier le monstre pour lui montrer comme il a mal agi.

– Cruel cyclope, tu as mangé les compagnons d'un homme de courage ! crie-t-il debout, droit et fier.

Non seulement tu n'as pas respecté les lois de l'hospitalité, mais tu as dévoré tes invités ! Alors Zeus et les autres dieux t'ont puni en te privant de la vue.

Polyphème l'entend.

Il enrage.

Il arrache la cime d'une haute montagne et la lance en direction de la voix. L'énorme rocher manque de peu sa cible.

Mais il soulève des vagues immenses qui inondent le pont. Les marins se cramponnent à leurs rames. Le navire d'Ulysse tangue dangereusement, au risque de couler. Par chance, ou grâce aux dieux, il se redresse. Ulysse sent encore bouillonner en lui la colère.

Il veut provoquer à nouveau le géant. Ses hommes tentent de le retenir. Ils craignent qu'un autre rocher ne les tue. Mais pour la seconde fois, le roi n'écoute pas leurs sages conseils.

– Cyclope ! crie-t-il bien fort d'une voix moqueuse. Si quelqu'un te demande qui blessa ton œil, dis-lui que c'est Ulysse, roi d'Ithaque !

Debout sur le rivage, Polyphème l'entend. Ainsi, il s'est laissé tromper par ce Personne qui n'existe pas, un roi de rien du tout, petit et sans vrai courage, un homme qui l'a dompté avec du vin ! Misère. Il lève les mains vers le ciel et s'écrie :

– Ô puissant Poséidon, dieu de la Mer aux cheveux bleus, écoute la prière de ton fils. Qu'Ulysse ne retourne jamais en son pays ! Ou, si son destin est de revoir sa famille, ses amis et son riche palais, alors qu'il y revienne dans très, très longtemps. Et seul, après avoir perdu tous ses compagnons. Tous, comprends-tu ?

Sûr que son père Poséidon le vengera, le cyclope soulève un rocher, lourd et gros comme une maison. Il le fait tournoyer au-dessus de sa tête et le jette avec force en direction du bateau des Grecs. Cette fois encore, il manque de peu son but.

Mais de nouveau, les eaux se gonflent, se soulèvent, bousculent le navire et l'éloignent du rivage.

Puis tout se calme. Pas un nuage dans le ciel, pas de vents mauvais, plus de méchantes vagues.

Ulysse regarde s'éloigner le pays des cyclopes avec soulagement. Sauvé. Mais est-il vraiment sauvé ? Il ignore que Poséidon cherche déjà comment le punir. Sa vengeance sera terrible.

8

Le maître des vents

Peu avant la nuit, le navire rejoint l'île où le reste de l'armée attend. Sitôt arrivé, Ulysse ordonne à ses compagnons de tirer le bateau sur le sable du rivage.

Après la joie des retrouvailles, Ulysse fait le récit de leurs incroyables aventures au pays des cyclopes.

Puis les hommes se partagent les troupeaux volés à Polyphème. Une part égale pour chacun. Mais le plus beau des béliers, celui dont Ulysse tenait si fort la toison et qui permit sa fuite, lui revient. Pourtant le roi ne garde pas pour lui cette bête magnifique. Il l'offre en sacrifice au grand Zeus avec ses prières. Il espère ainsi que le dieu apaisera la colère de Poséidon, si colère il y a. Tout le reste du jour, Ulysse et les siens se reposent, mangent et boivent leur vin doux.

Ils ont le cœur triste d'avoir perdu certains de leurs compagnons et, en même temps, joyeux d'avoir échappé à la mort.

À l'aube du lendemain, Ulysse commande à ses soldats d'embarquer.

– En route pour Ithaque ! leur crie-t-il.

Pressés de rentrer chez eux, les hommes regagnent leur poste. Les rameurs empoignent leurs avirons de bois. Ils frappent la mer en cadence. Comme ils ont hâte de s'éloigner du redoutable Polyphème !

Les navires d'Ulysse parviennent ainsi à Éolia. Cette île flottante, rocheuse, est entourée d'une haute muraille de bronze, qui la rend reconnaissable entre toutes. C'est la demeure d'Éole, le maître des Vents.

Éole règne sur les blizzards, les tourbillons, les cyclones, les ouragans et les brises légères. Il ne leur permet de se déchaîner que sur ordre de Zeus. Le reste du temps, il les garde prisonniers dans une caverne.

Dès son arrivée, Ulysse est conduit au palais d'Éole. Le dieu y vit somptueusement, entouré de sa femme et de ses douze enfants, six garçons et six filles.

Il reçoit le roi d'Ithaque, ainsi que ses compagnons, en toute amitié. Fidèle aux lois de l'hospitalité, il leur offre de partager son repas, leur fait dresser des lits afin qu'ils se reposent des fatigues du voyage et leur propose de rester quelque temps.

Les jours passent. Les banquets succèdent aux banquets. Mets délicieux, douceurs innombrables, vins exquis, musique, conversations charmantes...

Éole veut tout savoir des exploits des soldats grecs pendant la guerre de Troie. Le roi Ulysse lui répond volontiers. Il n'oublie aucun détail.

Que la vie est douce sur l'île d'Éolia ! Ulysse et ses hommes vivent ainsi un mois durant. Enfin, un soir, Ulysse ouvre son cœur au maître des Vents.

– Mon plus cher désir, lui confie-t-il, est de rentrer chez moi. Je souhaite retrouver ma femme Pénélope et mon fils Télémaque qui doit être grand maintenant.

– Comme je te comprends ! le rassure Éole. Aussi, je ne te retiendrai pas. Permets-moi juste de t'offrir un cadeau avant ton départ.

Et quel cadeau !

Le lendemain, les bateaux grecs sont prêts, les vivres chargés, les hommes à leur poste.

Une outre en peau de bœuf à la main, Éole prend Ulysse à part et murmure à son oreille :

– Noble roi d'Ithaque, accepte ce présent. Grâce à lui, tu rentreras plus vite en ton palais.

– Comment est-ce possible ?

– Garde ce secret pour toi ! J'ai emprisonné les vents violents et les tempêtes dans cette outre.

– Tous les vents ? s'inquiète le roi qui imagine déjà les voiles inutiles et la fatigue de ses rameurs.

– Tous les vents sauf un, celui qui te ramènera directement à Ithaque. Tu sais que j'excite ou apaise les vents selon ma fantaisie, n'est-ce pas ?

Ulysse acquiesce de la tête. Il saisit l'outre bien fermée par un épais fil d'argent afin qu'aucune brise ne puisse s'en échapper. Puis, après les derniers remerciements et les dernières preuves d'amitié, il embarque à son tour.

9

L'OUTRE EN PEAU DE BŒUF

Le divin Éole regarde les navires s'éloigner. Lorsqu'ils atteignent la haute mer, il envoie le vent Zéphyr, qui, à ses ordres, gonfle leurs voiles et les pousse en direction d'Ithaque.

Pendant ce temps, Ulysse attache l'outre des vents au creux de son navire. Puis il ordonne à tous ses compagnons de n'y toucher sous aucun prétexte !

– D'accord, Ulysse ! répondent-ils en chœur.

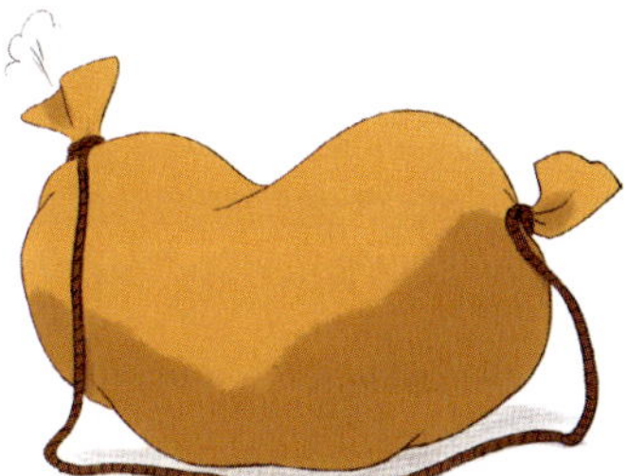

Pourtant, certains brûlent de curiosité. Ils se demandent ce que peut contenir le cadeau d'Éole : de l'or, de l'argent, des pierres précieuses ou du vin ?

Durant neuf jours et neuf nuits, Ulysse et ses hommes naviguent sur une mer calme. Au matin du dixième jour, ils aperçoivent enfin les côtes d'Ithaque, leur cher pays ! Ils sont si près qu'ils distinguent jusqu'aux feux allumés par les habitants. Les voilà de retour ! Ils vont pouvoir serrer dans leurs bras leurs parents, leurs femmes et leurs enfants. Comme ce sera doux après des années d'absence !

Ulysse, qui n'a pas cessé de diriger les navires depuis leur départ d'Éolia, sent soudain le sommeil le gagner. Si près du but, il s'endort. Il n'entend pas ses hommes murmurer. Des murmures qui deviennent vite des discussions à voix haute, puis des critiques.

– Compagnons, s'exclame l'un d'eux, que nous cache Ulysse, hein ? Eh bien, je vais vous le dire : cette outre contient de l'or et de l'argent ! Éole s'est montré généreux avec lui. Notre roi a déjà de la chance puisqu'il revient de la guerre avec sa part de butin. Tandis que, nous, nous revenons les mains vides.

– Quelle injustice !

– Tu as raison. Ouvrons cette outre !

– Non, Ulysse nous a interdit d'y toucher.

– On n'y prendra rien, rassure-toi. On jette juste un petit coup d'œil. Qu'en pensez-vous les amis ?

– Que du bien, allons-y.

Sitôt dit, sitôt fait. Les compagnons d'Ulysse ouvrent l'outre… et les vents s'en échappent. Ils sifflent, ils soufflent et se transforment en tempête furieuse.

Une rafale plus forte que les autres entraîne les navires au large à la vitesse de l'éclair ! Tous pleurent : Ithaque, leur chère patrie, a disparu au loin.

– Malheureux, qu'avez-vous fait ? gémit Ulysse réveillé par les éléments déchaînés.

Ballottés par des vagues gigantesques, poussés par des tourbillons de vents, Ulysse et ses compagnons s'éloignent toujours plus de leur beau royaume d'Ithaque.

Le reverront-ils un jour ? Ici commence une autre histoire.

Des légendes tellement vraies

Ulysse le héros

Ulysse n'a jamais existé et pourtant tout le monde le connaît. On le dit jeune, athlétique, intelligent et rusé. Il règne sur Ithaque, une île minuscule et superbe au large de la Grèce antique. Entouré de sa femme Pénélope et de leur jeune fils Télémaque, Ulysse mène une vie douce et tranquille en son palais royal... Mais un jour, tout change pour lui... si l'on en croit Homère !

Homère le poète

Homère serait un aède, un poète-chanteur de la Grèce antique. On l'imagine vieux et aveugle, allant de ville en ville et de palais en palais, racontant les exploits guerriers des temps anciens. Au VIIIe siècle avant notre ère, il aurait mis par écrit dans l'*Iliade* et l'*Odyssée* ces merveilleux récits que les aèdes colportent depuis longtemps. Homère ne les a donc pas inventés, mais rédigés et certainement embellis.

Cependant, on ne sait pas si Homère a vraiment existé.

L'Iliade et l'Odyssée

Si Ulysse et Homère sont des êtres rêvés... alors qui y a-t-il de vrai ? Le principal : deux longs poèmes comptant plus de 27 000 vers ! Dans l'*Iliade*, le poète nous détaille la guerre qui a opposé les Troyens aux Grecs vers l'an 1 200 avant notre ère. Dans l'*Odyssée*, il nous raconte le long et périlleux voyage de retour d'Ulysse.

Frise de l'Antiquité

3200 av. notre ère : Naissance de l'écriture.

2500 av. notre ère : Construction des grandes pyramides d'Égypte.

1200 av. notre ère : Guerre de Troie, ce conflit légendaire est l'un des fondements de la culture grecque.

VIIIe siècle av. notre ère : Homère aurait écrit l'*Iliade* et l'*Odyssée*.

753 av. notre ère : Fondation légendaire de Rome par Romulus et Rémus.

Ve siècle av. notre ère : L'Âge d'Or d'Athènes l'art grec connaît un incroyable épanouissement dans cette cité.

333-323 av. notre ère : Alexandre le Grand, roi de Macédoine, part à la conquête de l'empire perse.

44 av. notre ère : Assassinat de Jules César, général romain qui a conquis la Gaule.

0 : Naissance de Jésus-Christ

La carte de l'Antiquité

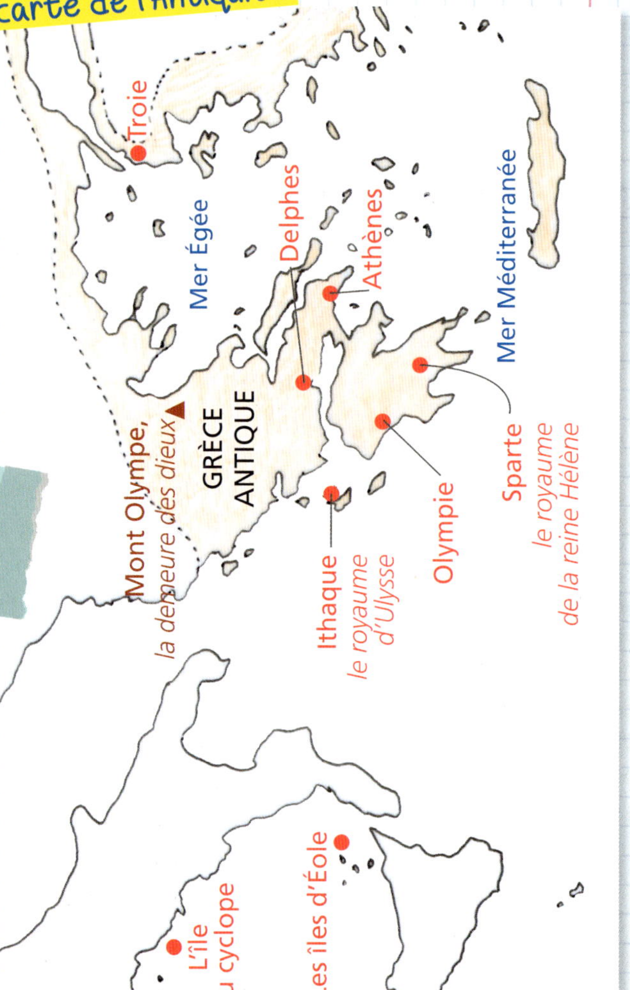

Les aventures d'Ulysse

Le départ d'Ulysse

Un jour, un prince troyen enlève Hélène, reine de Sparte. Scandale ! Tous les rois grecs s'apprêtent à voler à son secours. Ils veulent la libérer au plus vite. Ulysse est parmi eux. Il se prépare, lui, ses guerriers et ses navires. La guerre de Troie commence.

Ulysse à la guerre

La flotte grecque traverse la mer et bientôt assiège la ville de Troie.
Les dieux et les déesses prennent parti. Les uns soutiennent les Grecs, les autres les Troyens. Les guerriers des deux camps rivalisent de courage.
Après dix ans de terribles combats, Ulysse le rusé permet à son camp de remporter la victoire.

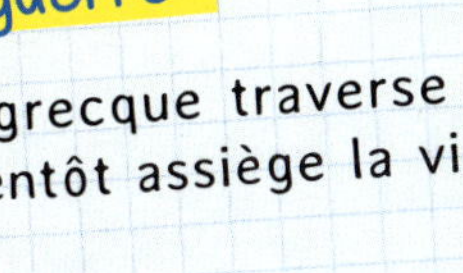

Un voyage qui n'en finit pas

Pressé de rentrer chez lui, Ulysse embarque avec ses guerriers et sa part de butin.
Comme il a envie de retrouver sa famille et son royaume d'Ithaque ! Hélas, le chemin du retour durera dix longues années, car le dieu de la Mer Poséidon est en colère contre Ulysse.

Table des matières